흔들리며 반짝이며

오늘의문학 시인선 **611**

흔들리며 반짝이며

김유미 제2시집

오늘의문학사

| 시인의 말 |

첫 시집은 회갑을 자축하면서 일기처럼 썼던 글들을 어설프게 냈는데, 처음이라 부족해도 "쉽고 가슴에 와닿는다"는 따뜻한 소감을 접하기도 했다.

두 번째 시집을 내리라고는 생각도 못 했다. 대전문예대학 덕분에 시를 쓰는 늦깎이 학생이 되었고, 2023년에《문학사랑》을 통해 등단하였다.

그래서일까, 두 번째 시집 출간은 긴장되고 부담이 된다. 그럼에도 5년의 세월이 흐른 지금, 이 시집을 내놓는 것은 詩에 좀 더 가까이 가고 싶은 조바심 때문인지도 모른다.

특히 이번 시집은 상담하면서 느꼈던 것을 몇 편의 시로 표현했다. 이십 년 전, 십여 년 전, 이제는 이름도 분명하지 않은 그들을 그려보았다. 사실 상담실에 오는 그들은 이미 승리자다. 아마 내가 그 상황이라면 나는 그들처럼 견디어내지 못했을 것이다.

숨 막히는 불안도 깊은 우울도 그들이 살아가기 위한 몸부림이지 않았을까. 제 상담실로 온 그들에게 깊은 존경과 감사를 표하며, 현재 연락이 되는 이들은 동의를 구했으나, 혹 내 시로 인해 마음에 상처를 입는 일이 생기지 않기를 기도한다.

詩를 사랑하는 것은 내 인생을 사랑하고 가슴에 품는 것이고, 그렇게 남은 내 삶에 시가 마중물이 되면 좋겠다. 제 시가 누군가의 가슴에 따뜻한 온기를 주고, 별이 될 수 있다면 더 큰 바람이 없겠다.

2025년 7월
김 유 미

| 목차 |

시인의 말 ·· 4

1부 별을 찾는 사람들

별을 찾는 사람들 ·································· 13
어느 피난처 ··· 14
아침에 우는 저 새는 ····························· 15
비밀의 성지 ··· 16
십오 년 만의 외출 ································ 17
아픈 영혼의 비명 ································· 18
산(山)만한 아이 ··································· 19
슬픈 사과 ··· 20
얼어붙은 꽃씨 ······································ 21
가출하는 아이 ······································ 22
왜 그랬을까 ··· 23
어린 방화범 ··· 24
젊은 예술가 ··· 25
그 집에 가면 ·· 26
인어공주 ·· 27
새 사제 ·· 28
가난한 영혼 ··· 30
목수 신부님 ··· 31
내 안에 계신 당신 ································ 32
기도하는 사람들 ·································· 34

2부 흐린 새벽 건너기

아침의 고요 ·········· 37
밤에 내리는 비가 들려주는 이야기 ·········· 38
설날 아침 ·········· 39
설 연휴에 내리는 눈 ·········· 40
봄눈 ·········· 41
봄이 오는 길목 ·········· 42
봄 햇살 ·········· 43
흐린 새벽 건너기 ·········· 44
팬지꽃 ·········· 45
오늘은 봄 ·········· 46
푸른 나뭇잎의 힘 ·········· 47
눈물비 ·········· 48
가을비 내리는 날에 ·········· 49
검은 비닐 어둠 ·········· 50
산다는 것은 ·········· 51
거꾸로 가는 인생 ·········· 52
늦게 핀 국화 ·········· 53
어느 손님 ·········· 54
오솔길 ·········· 55
플라타너스 초상 ·········· 56

3부 민들레의 꿈

민들레의 꿈 ······ 59
한 번쯤 ······ 60
봄이 오면 ······ 61
노후의 바람 ······ 62
선물 ······ 64
배호의 노래 들으며 ······ 65
박인희 콘서트를 다녀와서 ······ 66
러시아 민요 백학을 들으며 ······ 67
사막을 건너며 ······ 68
그리스에서 ······ 70
노란빛의 도시 ······ 72
하늘로 가는 열차 ······ 73
핑크빛 나라 베트남 ······ 74
오토바이 행진곡 ······ 75
와운마을에서 ······ 76
노은동 연가 ······ 77
수통골에서 ······ 78
8월의 수통골 ······ 79
코로나 병원 단상 ······ 80
풀꽃처럼 ······ 81

4부 바위와 먼지의 사랑

흔들리며 반짝이며 ……………………… 85
어머니 숨결 ……………………………… 86
형제 여행 ………………………………… 88
바위와 먼지의 사랑 ……………………… 89
이별은 고무나무처럼 …………………… 90
별이 된 너에게 …………………………… 91
고향의 소리 ……………………………… 92
짧은 하루 ………………………………… 94
구월의 삶 ………………………………… 95
까칠하게 늙고 싶다 ……………………… 96
덕담 ……………………………………… 97
엄마의 자격 ……………………………… 98
부부 ……………………………………… 100
잠든 너 …………………………………… 101
첫 손녀 …………………………………… 102
가을 문학 기행 …………………………… 103
동창회 …………………………………… 104
반려 물고기 ……………………………… 105
어느 하루 ………………………………… 106
깍두기 …………………………………… 108

시집 해설 _ 리헌석 문학평론가 ……………… 109

일러두기

본문에 사용한 '〉' 표시는 연과 연 사이의 '빈 줄'을 나타냅니다.

1부

별을 찾는 사람들

별을 찾는 사람들
 - 상담실 풍경

어둠의 장막 내린 후에야
얼굴 가린 모자를 쓰고
거리를 나선다

하얀 미소를 잊은 시간들
남들의 웃음에 더 초라해져
봄꽃에도 모래알 같은 눈빛

상처 난 가슴에
얼음 조각처럼 박혀버린 고통의 알갱이들
파도처럼 일렁이는 차가운 바람

희망은
가로등 불빛에
창백하게 걸려 비웃고 있지만

언젠가
다시 세상에 나설 때까지
아픈 마음 지켜줄 별빛 하나.

어느 피난처
- 상담실 풍경

어깨가 한숨을 쉬며
세월의 무게에도 지워지지 않는 상흔
그대 생의 파도들이 상담실에 출렁인다

터질 듯한 불덩이 얼어붙은 공포
막혀버린 마음의 응어리가 말을 하고
비밀의 문을 연다

눈물로 영혼 씻고
어두운 긴 터널에 빛이 보인다
세상과 단절한 그대의 문에 틈이 생긴다

과거의 매듭 풀어내고
어두운 뒷골목 서성이던 발자국 지운다
은폐된 그대의 전설이 새롭게 빛난다

쉬었다 가는
젖은 눈빛에 생기가 돌고
그대 등에 봄 햇살이 쏟아진다.

아침에 우는 저 새는
- 상담실 풍경

잠 못 이룬
당신의 소식 전하는 걸까

날마다 거미처럼
내장을 뽑아 줄을 치고
내면에 갇힌 벼랑

어둠만이
당신의 세상이 아닌데
당신은 고개 숙여 울고 있다

어지러운 꿈처럼
흐트러진 이불이
낯을 붉힌다

따뜻한 이불 되어
당신의 하늘 불러본다
고통 속에 펼쳐지는 새로운 세상.

비밀의 성지
― 상담실 풍경

그대가 오기 전
성수 뿌려 마음을 닦는다

깨끗한 거울 되어
그대 그림자 비추며
깊은 지하 창고 내려가는 길

빗장 여니
숨비소리 내며
다시 도망치는 그대

여기는 비밀의 성지
오직 그대의 소리만이 흐르는 곳

슬픔의 강 건너
그대의 어린 자아

어른이 된 그대 품에
안겨 이제야 웃네

당신의 옹이에 꽃 피며
찬란한 무지개가 떠오른다.

십오 년 만의 외출
 - 상담실 풍경

시간이 이렇게 많이
걸릴 줄은 그도 몰랐다

제대하고 나오니
대학의 학과마저 사라졌다

가난과 소외
무서운 사람들
가슴에 수만의 벼락이 떨어져
자물쇠 걸고 주저앉은 작은 방

삶의 화살은 추락해 갈 곳을 잃고
떨며 지냈던 생의 겨울
백발로, 일터로 나가시는 아버지
아픈 허리로 온 집안 지켜내시는 어머니

처음으로
제 목소리 들어주는 이 있어
아직도 숨이 차고 떨리지만
잠긴 문 열고 한 걸음 나선다

이제라도
부모님에게 찬란한 운동화 한 켤레 사주고파.

아픈 영혼의 비명
　- 상담실 풍경

불안과 걱정의 늪은 깊어만 가고
아슬아슬한 허공 위 걷기

엄마의 통곡 소리가
얼핏 가슴을 겨눈다

다들 빛나는데
언제나 넘어지기만 하는 자신을 사랑할 수 없어

타인의 기대와 눈높이에
자신을 잃은 지 이미 오랜 시간들

무거운 이 세상의 옷 벗고

아래로 떨어지지만
저 하늘로 솟구쳐 날아가는 꿈

십자가를 내려놓으려는
아픈 영혼의 비명이 어두운 거리를 헤매고 있다

오늘도 저 골목 끝 따뜻한 빛, 목메이게 찾고 있다.

산(山)만한 아이
 - 상담실 풍경

맨날 잃어버려
금방 지루해져
가만히 앉아 있질 못해

너는 산만한 아이
집중력이 떨어져
말보다 행동이 앞서는 아이

ADHD 병명에
흑색으로 변한 엄마 얼굴
할아버지는 버럭 화를 낸다

"네 아비도 그랬다."
"네 잘못 아니야."
"네 인내심이 모자란 게 아니야."

유혹 넘치는 세상 만든
어른들의 잘못

빛나는 유성 좇아가며
호기심과 희망의 나무 신나게 심는
너는 산(山)만한 아이란다.

슬픈 사과
  - 상담실 풍경

울고 있다
썩은 사과

어릴 적
제비 입 되어 먹은
엄마가 시장에서 주워 온 썩은 사과

붉은 피를 토했던 언니 같다
오빠도 각혈하다 잿빛 세상 떠나
자식 잃은 엄마의 저주에
언니도 캄캄한 밤 별이 되었다

울음이 있는 방
구멍 난 엄마의 가슴
바람 숭숭 뚫고 가는 텅 빈 집

잃어버린 사람
잃어버린 시간들
지금도 길고 어두운 그녀의 밤길 헤매는 슬픈 사과.

얼어붙은 꽃씨
  - 상담실 풍경

온몸이 눈물샘 되어
울며 들어온 너와의 첫 만남

친구들 조롱에
화장실이 급해도 말 못 해
젖은 옷으로 만난 아이

허기진 마음 채우려
몸은 커져만 가고 말은 점점 잃어갔다

밤마다 꾸는 꿈은
칼로 자기 살이 베이는 악몽

희귀병 앓는 오빠 뒷바라지에
너는 엄마의 뒤꼭지만 보고 자라
병원이 네 놀이터 되었다

추위에 얼어붙은 꽃씨
이제 꽃을 피운다
싱싱하게 들판을 채운다.

가출하는 아이
  - 상담실 풍경

어린 형제는 가출한다
길에서 밤이슬 맞기도 여러 번

무서운 것 없다는 아이지만
젤 무서운 건 하나님 아버지란다

아이가 어긋나면
부모는 사랑의 매를 들고 함께 기도한다

아이들의 집은 없었다

부모도 몰랐다
어떤 집을 아이에게 주어야 하는지

길에서 박힌 상흔들
이제 부모는 회초리 대신
사랑으로, 눈물로 흠뻑 어루만진다.

왜 그랬을까
- 상담실 풍경

누구를 의지하고 살아야 하나
태어나자마자 버려진 사람

수학여행 다녀오니
집이 사라졌다

자식이 먼저 하늘로 떠났는데
빨리 잊으라 하고

나 없이는 못 살겠다던 사람이
다른 사람을 품고 때린다

이해할 수 없는
생의 불행한 의문들
가슴을 할퀴는 인두 자국

누구에게도
풀지 못한 어두운 생의 비밀
상담실을 가득 채우며 쏟아진다

오래된 수많은 상처
뾰족하게 솟은 가시를
하늘이 솜이불처럼 덮어준다.

어린 방화범
- 상담실 풍경

이른 새벽, 친구들이 등교하기 전
소년은 라이터를 가지고 학교에 간다

떨리는 손으로
커튼에 불을 붙인다

다행히 커튼만 그을리고
소년도 학교도 안전했다

자신을 개줄처럼 끌고 다닌
아이들과 학교를 불살라 버리고 싶었다

아이들은
소년의 비싼 옷이 부러워 돌을 던졌다

난무하는 화살들
멍든 소년의 추락한 불꽃

불에 그을린 교실에서 상처를 쓰다듬는다
돌 대신 꽃을 주기로 서로에게 약속한다.

젊은 예술가
- 상담실 풍경

천둥벼락이 무서워도
두 눈 크게 뜨고 지킬 사람 있어
어린 나이에도 아이가 될 수 없었다

오랫동안 몸져누워
거미집에 웅크린 엄마는 줄을 놓았고
그녀도 살아갈 희망을 잃었다

하얀 소복을 바람이 흔든다

어머니 간호와 동생 돌보는데
창백하게 시든 청춘
한 번만이라도 무대에 서고 싶었다

아직 자신이 낯선 그녀
연극과 그림 숨겨진 씨앗들
햇살과 바람에 하나둘 환하게 피어난다

변함없는 엄마의 미소
흔들리는 길을 따듯하게 비춰준다.

그 집에 가면
- 상담실 풍경

비스듬히 열린 문
이끼 낀 돌과 풀이 당신을 안는다

흔들리는 갈대에도
떨리던 당신의 가슴

고통과 설움의
두터운 외투를 훌훌 벗는다

바람 부는 세상
뿌리 깊은 나무에 등 대어 서면

영원한 바람도 영원한 슬픔도 없으니

피고 지는
꽃들의 순한 눈길 들여다보며

눈물 젖은 땅에 꽃씨를 심는다

태양과 바람이 졸다 가는 마당
잃어버린 꿈의 조각이 춤을 춘다.

인어공주
- 상담실 풍경

바다의 물거품이 된 인어공주를
늘 가슴에 품고 살았다

십대의 풋사랑이
한 생명으로 피어나자
홀로 아이를 낳아 키웠다

유치원 가는 어린 딸
떨어지지 않으려는 아이를 토닥이는 엄마의 삶

인어공주를 삼킨 바다에
잃어버린 그녀의 사랑과 꿈이 눈물로 헤맨다

손가락 하나 움직일 수 없는 우울의 늪이
핏기 없는 그녀를 붙잡는다

고작 스물셋 청춘이
멀고 아득한 인생길 무서워 떨고 있다

아름다운 목소리를 잃고
칼날 같은 세상을 시린 다리로 걸어간다.

새 사제

성당 마당
홀로 서 있는 성모상
아무도 촛불 켜지 않는 텅 빈 저녁

쟁강쟁강 쇳소리 나는
푸르고 맑은 이마의 새 사제가
미사를 드린다

성당 마당에서
공을 찰 때부터
품었던 사제의 꿈

누가 가라 하지 않았지만
흔들리면서도 가야 할 길

보이지 않는 믿음 찾은
당신의 영혼은 가난하다

세상 유혹 버리고
높은 곳을 바라보는
당신의 떨리는 손이
내 머리를 단단히 휘잡는다

"여전히 당신과 함께"
"말씀하신 대로 저에게 이루어지길 바랍니다."

차가운 바람 소리에
맴도는 수많은 기도
거룩한 당신의 손길로 다독여주고
물 위를 걸으셨던 그분을 따라
사제의 길 빛접게 나가시길.

가난한 영혼

영혼이 가난한 사람은
등이 슬프다

낮달이 혼자 서성이듯
그의 발은 외롭지만

가슴에는 조용히
촛불 하나 타오르고 있다

빈 들판에 이슬처럼
젖어 드는 하루
묶인 발목 어디서 쉬어 갈까

아픔의 무게만큼
또 하루를 밀어내고
겹겹이 쌓이는 인내의 시간들
기다리는 눈가에 일어서는 내일들.

목수 신부님

한때는 목수였던 예수님처럼
우리 신부님도 목수 신부님

낡은 성당을 편백나무와 단열재로 감싸주니
늙은 신자들의 시린 무릎 이제 따뜻하다

코로나에 지친 세월에도 사제관에서 음식 만들고
한 달에 두 번씩 혼밥하는 신자 위해 밥을 나눈다

주교도 줄 서서 먹게 하는 하늘나라 문지기
안식년을 주어도 가난한 신부는 일을 한다

패티킴 노래 좋아하고 드럼도 치며
이생의 축복까지 헤아린다

신부님의 예수님 사랑은
거친 노동의 손만큼 순박하고 뿌리 깊다
신도들은 사제의 변치 않는 편백나무 사랑에 스며든다.

내 안에 계신 당신

별보다 더 먼 곳에서 찾아와
내 마음에 빛 밝히시는 분

내 안에 가라지 다 버리고
알갱이만 보실 하느님

가장귀 뱅뱅 돌며
바람굽이 속에 비틀거리며 걸어온 삶

어둠의 세상에
불러도 대답 없던 당신의 얼굴

내 안에 계셨는데
멀리서만 찾고 헤맸네요

이제야
두려워 마라
주님의 음성 포근하게 들려요

어린아이처럼
당신 손 꼭 잡고
미지의 길로 그냥 따라가고 싶어요.

* 가라지 : 밭에 나는 강아지풀.
* 가장귀 : 가장자리.
* 바람굽이 : 바람의 굽이, 수난과 시련의 과정.

기도하는 사람들

겨울 성당 마당에
얇은 옷을 걸친
성모 마리아가 서 있다

그녀의 발 앞에
많은 사람들의 걱정과 한숨이
소복하게 쌓여 있다

저 마다의 기도에
그들의 삶이 노랗게 빛난다
작은 초에서 떨어지는 눈물방울

심지만 남은 염원들은
바람의 끝에 닿았을까

새롭게 타오르는 불꽃에서
살찬 희망의 별빛 빛나고

새벽이 올 때까지
그녀의 따뜻한 손길에
작은 눈꽃으로 피어난다.

2부

흐린 새벽 건너기

아침의 고요

실눈 뜨면
새가 깃들고
고요가 포근하다

음악 소리도
침묵의 세계로
깊게 하강한다

목련꽃 지듯
무거워지는 눈
지친 물고기가 뻐끔뻐끔 공기를 마신다

화인(火印) 같은
아픔도 슬픔도 떠나보내고
소풍 가고 싶다, 저 생으로

옷을 벗은 영혼,
강물에 반짝이는 윤슬 되고
저녁엔 작은 별 되어 사랑하는 이를 위해 밤새도록 불 밝힌다.

밤에 내리는 비가 들려주는 이야기

남들이 다 잠든 밤에도
소리 없이 제 일
하는 사람이 있어

쉬지 않고 비 내리고
마른 흙 적시어 촉촉해진 땅은
생명 품을 수 있어

다들 편안하게 자는 이 밤에도
잠들 수 없는 이들이
해내는 일이 있어

낮에는 울지 못한 그들이
밤새 슬픔 비워내고
동트면 새 세상이야

아침이야!

설날 아침

몸과 마음에
소리도 없이 온 삼시 감시하며
시린 가슴으로 지새우는 섣달그믐 밤을 지나
몸을 씻는 설날 아침

먼저 가신 부모님의
굽은 등과 웅크린 다리가 가슴을 할퀸다

나는 이생에서
그들이 맺은 열매
누군가의 다정한 꽃이 되어

겨울에도
숨어서 싹을 틔우는
봄처럼 너를 키우고 싶다
눈물겨운 세상 활짝 웃는 꽃으로.

---

* 삼시(三尸) : 도교에서 말하는 인체 중에 있는 세 마리 벌레로 삼충이라고도 하는데, 이 벌레가 평소에 인간의 과실을 기록하고 있다가 경신일에 인간이 잠든 때를 틈타 인간의 죄과를 알려 수명을 감하는 것. 이것이 설 풍속이 되어 삼시가 하늘에 자신의 죄과를 알리지 못하게 섣달그믐날 밤을 새우도록 함.

설 연휴에 내리는 눈

설 연휴에
너도나도 어디론가 떠나는데
저마다의 사연으로 머무는 사람들

눈이 계속 내린다
떠나지 않은 이들에게 하늘이 준 선물
나가지 않아도 괜찮다

눈이 주는
자유의 구속이 따뜻하다

때로는 자신의 굴에서
겨울잠 자는 동물처럼
펑펑 눈 내리는 시린 날들

다가오는 시간의 발자국을 멀리 보내며
아무도 깨울 수 없는 잠을 호사롭게 불러본다.

봄눈

봄은 이미 왔는데
가는 겨울 돌아와 속삭인다

지난 겨울
외롭지만은 않았다며

고요한 새벽에 출렁이는
떠나갈 님과 오실 님의 벼랑 끝 공존

세상을 온통
하얀 눈꽃으로 채우는 봄날

겨우내 외로웠던 씨앗처럼
눈물지며 너를 안는다.

봄이 오는 길목

소리 없는 소리가 들린다
봄 찾아 길 떠나는 소리

생명의 빛깔이 불을 켠다
물오른 푸르름 영그는 붉은 가지

오래된 나무의 거친 둥치를
햇살이 가만히 쓰다듬는다

저 멀리 들려오는 새벽 종소리에
숨죽인 어깨들이 들썩인다

바람결에 실려 오는 산새 소리
내 마음에는 무엇이 차오를까.

봄 햇살

노랗게 산수유 웃음꽃 피고
따뜻한 햇살 아래 고양이 조는데

겨우내 시린 붉은 마음
홍매화꽃으로 터져 나오며
하얀 목련 꽃송이 그리운 얼굴

따스한 엄마 손길 친구들 웃음소리
실바람에 실려 오고

해맑은 푸른 하늘
등 뒤에 붙은 세월 위로하며
이마에 눈부신 햇살 비춘다.

흐린 새벽 건너기

먹구름만 하늘에 길게 누워 있다

밤새 장대비 내린 뒤 해오름 아직 멀고
나무들은 가지마다 삼킨 울분을 풀어내는
젖은 거리를 가로등 불빛이 뒤적이고 있다

흐릿한 안개 헤치며
지워진 길을 찾아 오늘도 떠나야 하는 우리

마음에 등불 하나 걸어 두고
달맞이꽃처럼 기다리는 임을 가슴에 품고 가야지

동쪽에서 바람이 분다
별 하나 없는 하늘에 푸른빛이 퍼져 간다.

팬지꽃

봄이 왔네
낮은 자리에서 피어
나비 되어 웃는 너를 보니

약한 뿌리를
실처럼 자아올려
서걱거리는 흙을 하얗게 붙들고서

세찬 비바람에
멍든 내 심장도
단단한 대지에 안기면

철없는 산들바람과
낮게 속삭이며
보드라운 팬지꽃 흉내낼 수 있을까.

오늘은 봄

자연과 사람

우리 모두
서로를 껴안습니다

눈바람 소리
아직 다 식지 않았지만

허공 한 점에
불꽃처럼
자목련 한 송이

오늘은
봄입니다.

푸른 나뭇잎의 힘

초록 잎이
나무를 버티는 진정한 힘인 줄 미처 몰랐다

야자수 나뭇잎 무성하여
자르다 보니 여기저기 구멍 난 나무

점점 기운을 잃어
풀이 죽은 나무의 얼굴이 애처롭다

뿌리가 소중하고
꽃이 아름다운 건 알았는데

햇빛과 물만으로 양분 만들어
나뭇잎 저마다 분투한 노동의 대가로
나무가 건강해진다는 걸 이제야 알았다

잃어버린 초록을 자책하며
햇빛과 바람에 온몸으로 흔드는 나뭇잎의 힘을 찬양해야지

나를 푸르게 만드는 일상의 작은 소란스러움을
온전히 사랑해야겠다.

눈물비

자연을 망친
인간의 행태에 분노한
하느님의 눈물
비가 되고 강이 된다

무더기 비에
산도 울부짖고
길이 물바다 되어
차도 사람도 삼켜버렸다

출렁이는 자동차 위에 누군가
나뭇잎 같은 작은 손 내밀어
떠내려가는 사람 붙잡는다
앙상한 송아지 구한다

지상에 내려온
길 잃은 물방울들
이제 하늘로 올라간다
얄미운 맑은 하늘 부른다.

가을비 내리는 날에

가을에 내리는 비는
사라지는 것들을 위한 속삭임
화려했던 꽃들의 마지막
푸른 잎을 버려야 하는 나무의 한숨에
조용히 눈물 글썽거린다

유년의 설렘
잃어버린 물건들
첫사랑의 아찔한 두근거림
떠나보내고 싶지 않은 사랑하는 사람들
섬섬한 그리움으로 나타나
밤바다에 홀로 서 있는 등대의 불빛처럼 깜박거린다

이제는 쓸쓸한 가을
우리 모두 떠나고
사라져야 할 운명이기에
사라지는 것들을 위하여
나의 가장 가난했던 미소를 보낸다.

* 섬섬하다 : 자꾸 나타났다 없어졌다 하는 상태에 있다.

검은 비닐 어둠

흙먼지 묻은 비닐봉지가
벌거벗은 나뭇가지에 걸려 있다

저 비닐봉지도 주인이 있었을 텐데
무심코 속의 것만 갖고 던져버렸거나
바람이 안타깝게 채어갔을 수도 있다

나뭇잎도 구름도 아닌 것이
나무에 어둠을 드리운다

내 안의 빛 다 소진한 메마른 귀갓길
정체 모를 검은 비닐 어둠이 내린다

참았던 울음 토해내면
뺨에 닿는 어둠 눈물로 씻긴다

세상에 꿈 많고 허약했던 소녀는
가난한 마음 붙잡는다

내일 하루도 살아 내리라
내 한 몸 온전히 버텨 보리라.

산다는 것은
 - 안면도에서

모래사장에 꽃 피고
어제는 흐린 하늘이다, 오늘은 맑은 하늘
먹이를 향해 높이 날아올라 곤두박질하는 갈매기 날갯짓

개구쟁이 소년이 수염 꺼칠한 아저씨 되듯
마음은 날아가지만 몸은 한 걸음도 내딛기 힘들다

추울까 아내의 목도리 다시 잡아매 주고
넘어지지 않으려 주머니에 손 빼고 걷는다

빠른 발걸음 조정하며 걷다
재미없는 농담에 같이 웃으며
꽉꽉한 사막이지만 오아시스를 꿈꾼다

하찮은 것에 화내고 작은 것에 웃고
그렇게 나이 먹고 언젠가 떠나갈 삶.

거꾸로 가는 인생

머리는 해마다 파뿌리로 시들어도
마음은 아이 되어 작은 것에 흔들려
빠르게 날아서 가는 어지러운 생의 비행

떨어진 꽃잎 주워 맘에 담기 바쁘건만
시간은 앞으로 가고 휘청이는 걸음들
거꾸로 돌아가는 인생 어디가 끝인가

우리가 왔던 그곳 돌아가려면 작아져야
악하고 무심한 세상 가장 작은 먼지 되어
다가올 신의 숨결을 운명처럼 기다린다.

늦게 핀 국화

무엇이 모자랐나
너도나도 핀 마당에
다문 입 열지 않더니

살얼음 비치는 늦가을
첫눈 내리는 초겨울에야
꽃을 터트린다

낙엽 가득한 추운 마당
이제라도 핀 네 짧은 개화
가슴에 꼭꼭 담는다

좀 늦게 필뿐
피지 않는 꽃이 어디 있으랴
재촉하지 않고 기다려야겠다.

어느 손님

밤새 먼 길
쉬지 않고 달려와

곤한 잠 방해될까
소리 없이 기다리고 있네요

어떻게 맞을까요
그대 때 묻지 않은 순수한 마음

나는 세월의 바람에
여기저기 옹이 박힌 늙은 나무

백색 순결에 눈부시고
차가운 열정이 시든 가슴을 깨운다

한 점 눈꽃으로 피어난
신의 눈물, 고요히 내 마음을 적신다.

오솔길

담장 밑에
고요히 앉아 있는 새싹처럼

그대 앉아 있는
그곳이 그대의 자리

여기저기 날아다니는 새처럼
잡히지 않는 마음

강물에 떨어지는 조약돌 되어
내 마음 바라본다

마음 안에서 마음을
느낌 안에서 느낌을

점점 밝아지는 마음의 오솔길
나의 등불 밝히며 나아간다.

플라타너스 초상

야만이 휩쓸고 간
가지 잘린 플라타너스

네 초라한 모습에
날개 부러진 어린 날이 기웃거린다

가난은 부끄러운 것이 아니라며
나에게 몇 번씩 다짐을 주었던 오빠

운명의 가위에 잘려도
결코 존재는 스러지지 않아

다시 새잎을 피워내며
혹독한 이 세상을 잘 살아내리라.

3부

민들레의 꿈

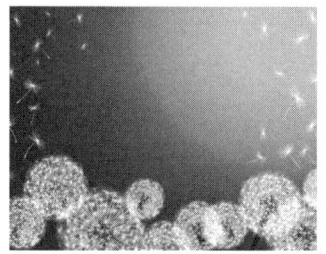

민들레의 꿈

하늘의 꽃 무지개
가슴에 떨어져

피어난 노란 민들레꽃
발에 짓밟혀도 서럽지 않아

홀씨 되어
무정한 너를 가뿐히 안고

넓은 들판
노랗게 노랗게 가득 키울 거야.

한 번쯤

줄무늬 스카프 목에 두르고
세월에 구멍 숭숭 뚫린 몸에
공작 날개 달아볼까

젊어서는 사치 같던 멋 부림
언젠가 먼지 되어 사라질 육신
주름살의 변증법적 의미를 찾아서

모든 슬픔 다 사라질 봄 햇살 아래
한 번쯤은 스스로 눈부셔도 좋겠지.

봄이 오면

봄이 오면
일어나야지
온몸으로 겨울 견뎌낸 대지를 밀어 올리고
쑥쑥 일어서는 새싹처럼

봄이 오면
시작해야지
고목에도 꽃이 피고
잔설 밑 실개천 흐르듯

봄이 오면
사랑해야지
산수유 진달래 목련
봄바람에 가슴을 내주듯

봄이 오면
행복해야지
종달새 산까치 들과 숲 흔들며
햇살처럼 쏟아지듯.

노후의 바람

철없는 할머니가 되고 싶다
자식 걱정보다
무슨 꽃을 심을까 궁리하며

사치스럽게 살고 싶다
해야만 할 일보다
하고 싶은 일 하고

우아하게 늙고 싶다
돈에 집착하기보다
악기 하나 하며

좋아하는 사람과
비바람 함께 맞으며
다정한 시간 쌓고 싶다

언제 쓸지 모르는
외국어도 배워보고

오늘이 마지막 날이라도
새로움에 호기심 열고
겁 없이 성큼 다가가고 싶다

주름진 얼굴 하얀 머리라도
마음은 꿈 많았던 십대 소녀
웃음 많고 설렜던 그녀가 되고 싶다.

선물

그해 겨울 대학생 사촌오빠가
교보문고 가서 사준 대학 입학 선물

내가 아는 건
빠이롯트 만년필뿐인데
비싼 원목의 몽블랑 만년필을 골라준다

손에 잡히는 묵직함
사각사각 종이를 스치는 경쾌한 소리

만년필만으로도
하늘을 날고픈데

카드도 고르란다
내 맘에 가장 좋은 걸

두 개를 고민하는데
둘 다 가지란다

만년필과 카드보다
더 큰 선물을 받았다

아낌없이 주는 사랑.

배호의 노래 들으며

언제부턴가 배호의 노래가
우리 집 저녁을 흐르는 빗물이 되었다
남편의 마음을 적시는 외로운 사나이

요절한 천재 가수의
쉰 목소리가 남편의 가슴을 찰랑거리는데
피지 못한 봄날의 그리움인가

비바람 휘몰아쳐도
신발 끈 동여매고
걸어왔던 언덕길

자욱한 안개 속을
외롭게 헤쳐 온
그날들이 눈물짓고

그의 귀는
점점 사라져가는 소리를
담으려 바닷가 소라껍데기가 된다

바람 소리 쓸쓸한 저녁
끝이 없는 파도 소리
미완의 인생이 그의 심장을 울린다.

박인희 콘서트를 다녀와서

가을이 미처 오지 못한 길목
대학 교정에 잔잔히 스미는
노래하는 시인 박인희의 깊은 울림

꽈리꽃처럼 수줍었던 첫사랑
비 오는 날 걷고 또 걸었던 덕수궁 돌담길

옛 추억들이 아련히 다가와
비켜설 수 없는 시간들

하늘만 바라보며
스스로 일어서려 했던 젊은 날

별 하나의 희망으로
들꽃 한 송이에도 웃으며
햇살처럼 지치지 않는 열정에
잠 못 이루던 밤

그녀의 마지막 노래에
눈물과 그리움의 젊음을 띄워 보내고
황혼이 물드는 인생의 저녁, 살아갈 날들을 가만히 본다.

러시아 민요 백학을 들으며

가슴 에이는 절절한 슬픔
닿지 않는 그리움의 끝자락

나무들도 겨울 가슴으로
잠들지 못하고 귀를 세운다

흰 학이 되어버린
돌아오지 못한 병사들

우크라이나 러시아 전쟁터
이스라엘 팔레스타인 가자지구에서
수많은 학이 지구를 떠돌고 있는데

평화는 버려진 휴지처럼 조롱받고
아무도 말할 수 없는 희망
핏빛 통곡 소리 겨울 하늘에 울려 퍼져

스러지고 넘어지는
이 땅의 슬픈 역사

그래도 내일이면
붉은 가슴 동여매고
삶의 무게를 등에 지고 쓸쓸히 일어선다.

사막을 건너며

모래와 바위만 서걱거리는 사막길
목에 힘주고 부딪치며
살아온 나무가 희뿌연 바람에 흔들린다

대나무처럼 휘지 못해
모하비 사막의 선인장이
조슈아나무 되어 서 있다

하늘을 찌르듯
뾰족뾰족 돋은 가시

포기하지 못해
희망의 목마름 끝에
피어난 솟대 되어

황무지에 신만 믿고
전쟁터를 달린 여호수아의 용기
수많은 조슈아나무로 **빽빽**이 채웠다.

* 모하비 사막 : 미국 캘리포니아주 남동부와 네바다-애리조나-유타주의 일부에 걸쳐 있는 건조한 지역.
* 조슈아나무 : 사막에서 자라는 나무. 원래는 선인장인데, 여호수아의 용맹함을 따서 조슈아나무로 불림.
* 여호수아 : 성경 속의 인물로 믿음과 용기, 순종, 승리의 사람으로 표현되며 모든 싸움에서 패하지 않는 강한 인물.

그리스에서

에게해 파도에는
고대 아테네 스파르타인의 열정이 용솟음치고

칠십만 페르시아군에게 패배했지만
마지막 피 한 방울마저 산화하며
그리스를 지킨 삼백여 명의 스파르타 용사들

황제와 영웅들은 험준한 산을 넘어
신의 뜻 물으러 델포이로 간다
절벽 위 동굴 메테오라수도원에서 기도하는 은수자들

수많은 신의 나라에서
소크라테스의 속삭임도 듣는다

지구의 중심 옴파로스
이천년도 전에 민주정치를 만든 아테네
인류문명의 기원지에는 바람과 폐허만이 누워 있다

에게해에 진노을이 묻는다
너는 누구냐고
무엇을 가슴에 품고 있는지

스파르타 군인의 결기 닮아
오롯이 삶의 정수만을 가슴에 품고
내 삶의 전장을 굳건히 지키고 싶다.

* 진노을 : 짙은 노을.

노란빛의 도시

부다페스트에 가면
노란 지붕 노란 트램 노란 다뉴브강
황금빛 화폐 포린트가 있다

헝가리안 랩소디가 우울하게 울리고
어부의 요새 둥근 꼭대기에 먹구름이 내려앉네
어디에서도 머물지 못한 유목민족의 피와
집시들의 자유와 낭만 도나우강에 흐른다

나치 독일 몰아낸 승전 기념 자유의 여신상
언덕 꼭대기에 횃불 들어 헝가리 지키고
건국 천년 기념 영웅광장에서는
헝가리 영웅과 무명용사 혼백을 후손들이 기린다

밤이 되면
노란 황금빛으로 반짝이는 도시
여행객의 고단한 인생을 위로한다
빛나던 영화 고달픈 고통 다 강물에 흘러간다.

하늘로 가는 열차
  - 일본 바닷가 마을 가라쓰로 가는 기차 안에서

파도가 머리 위에 넘실대는 노인들이
바다를 등지고 기차에 옹기종기 앉아 있다

나뭇잎은 낮술에 취해 배시시 웃고
비바람에도 울지 않던 해송이 몸을 풀고 있다

일상의 언어들이 낮은음으로 부딪치며
노년의 영혼 뭉게구름 타고 하늘로 올라간다

어떤 심판이 내려질지 모르지만
돌아보니 눈물꽃 사랑꽃도 다 핀 인생

친구들과 손잡고
따뜻한 날 함께 하늘나라 간다면

외롭지도 서럽지도 않겠다
하룻밤 바람길 같던 풀꽃 인생.

핑크빛 나라 베트남

월남전에 참전한 큰오빠
엄마는 매일 가슴에 화로를 안고 사셨다

무서웠던 베트콩이
베트남에서는 독립투사였다

프랑스와 미국 강대국에
민들레 투혼으로 승리한 강인한 나라

국민을 이끈 국부 호치민의
빛바랜 노동복, 낡은 타이어 샌들

부지런하고 친절한 민족
개마저 주인을 닮아 공손하게 앉아 있다

호이안에는 어기영차 바구니 배
노 저으며 희망의 노래로 웃음 터트린다

기쁨과 환희의 핑크빛 대성당에는
전쟁의 상처 쓰다듬으며 미래의 어린이 키워낸다.

오토바이 행진곡
― 인도네시아 자카르타에서

두 바퀴에
맨몸을 싣고
헬멧 투구 쓰며 간다

아직 회색의 도시
잠이 덜 깬 부스스한 얼굴
시꺼먼 신음 토해내며

떨어지는 돌을 계속
밀어 올리는 시지푸스처럼
피할 수 없는 생의 굴레

선조차 그어지지 않은 도로
아슬아슬 곡예를 부리며
삶의 경계 넘나든다

어둑어둑해 질 무렵 골목길
무거운 날개 쉰 목소리의 매미들
쉴 자리 찾아 불 밝히며 헤맨다.

와운마을에서

하늘 맞닿은 언덕
뿌리 내린 푸른 천년송 위에
밤이면 별들의 경연이 벌어진다

할배 소나무는 우뚝 서 있고
할매 소나무는 두 팔 벌려
지리산 마을을 지킨다

빨치산 토벌군 양민
서로에게 칼을 겨누고 산화해 간
이름 없는 선혈들이 지리산에 배어 있다

그들의 피가 흙이 되고 거름 되어
가장 빛나는 조국의 시간이
지금 지리산에서 쉬고 있다

구름도 누워 가는 와운마을
솔바람 태교로 자란 아이
계곡물에 물장구칠 그날을 불러본다.

노은동 연가

봄이 오면
마당에 핀 꽃소식으로 인사 나눈다

지저귀는 새소리에 눈을 뜨고
비 소식에 쓰러질 꽃들 걱정하다
지붕에서 떨어지는 빗소리에 촉촉이 젖는 마음

슬리퍼 끌고 만나는 이웃들과
막걸리 한 잔에 구겨진 마음
동동 띄우면 실실 웃음 난다

덩굴장미처럼 가시가 있어도
저마다의 꽃을 활짝 피워내는 이웃들과
조팝꽃처럼 자잘한 사연으로 담을 넘나든다

듬직한 신부님과 해맑은 수녀님이 지키는 성당
아침저녁으로 기도하며
마음의 등불을 켠다

지족산에 해 지고 눈 오듯
내 인생의 가을과 겨울도
평화롭고 호젓했으면 좋겠다.

수통골에서

저 계곡물처럼 살자

구석지고 외진 곳
한 곳에만 머무르지 말고
좁은 곳 넓은 곳 가리지 말고
바위도 껴안고 구르며 흘러가야지

잡히지 않는 마음
억지로 붙잡지 말고
어느 강 어느 기슭에 닿을지 몰라도
그냥 물살에 맡겨야지

물고기와 눈 맞춤 하며
하늘 보고 웃자
신의 뜻에 온전히 맡기며
내 마음의 물줄기를 틔워 본다.

8월의 수통골

긴 장맛비에
산과 계곡으로 몰려온 물줄기

헝클어진 머리를 씻기고
먹먹한 가슴, 숨을 쉬게 한다

얼음 계곡물에
아이들은 몸까지 담그고 놀아

바위에 앉아 도란도란
부부애가 익어가고
이웃은 가족보다 가까운 친구 된다

어제 싸운 엄마와 아들 사이에
화해의 싹이 트고
아버지와 딸의 얼굴에 웃음꽃

나뭇가지에 흐린 하늘이 걸리고
신발에 물이 튀어도
자연이 준 선물, 그저 넉넉하다.

코로나 병원 단상

표를 모두 붙이고 다닌다
"정상"

아파서 왔는데
정상이라며 병원 진료 기다린다

기침 소리에 쏟아지는 눈 화살
마스크로 멀어지는 타인의 온기

어디서 치료받나
불안과 의심의 코로나19 후유증

코로나로 상처받은 영혼들의 한탄이
세상의 모든 나뭇가지에 높이높이 매달려 있다.

풀꽃처럼

돌보는 이 하나 없어도
불평 한 점 품지 않는 너

낮에는 해와
밤에는 달과 별,
그리고 쉼 없이 흔들어대는 바람이
널 키웠다

자갈 틈에도
먼지 자욱한 길섶에도

결코 버릴 수 없는 꿈 안고
천지사방에서 향기로 피어나는 널 보며

더 이상
반짝이는 세상의 속삭임에
흔들리지 않기로 했다

서리 맞더라도
나만의 색깔을 그리며
보이지 않는 꽃을 피워 내리라.

흔들리며 반짝이며

4부

바위와 먼지의 사랑

흔들리며 반짝이며

오늘도 아이의 한숨에 흔들리고
늙은 부모님의 전화에 흔들린다
무심코 던지는
타인의 빈정거림에 흔들리다가

바람에 꽃잎이 흔들리는 것을
보다가
흔들리는 나의 삶이 떨고 있다

비바람에 흔들리며
더 굵어지는 나무처럼
흔들리면서 자꾸 흔들리면서
더 푸르게 반짝이는 잎새마냥

너도 그렇게 살아가라고
흔들리는 내가 나를 바라보고 있다.

어머니 숨결

어머니의 바지런한 손길로
햇살처럼 반짝이던 장롱
주인을 기다리며 애처롭게 서 있다

돋보기 쓰시고
구부정하게 앉아 돌리던
재봉틀 소리 따라 들리는 목소리

일찍 들어오너라
멋 좀 부려라
제발 몸 챙기거라

늦은 나이에 나를 낳아
외동딸에게 해준 게 없다며
언제나 미안해하시던 어머니

가난한 살림에
문지방 닳도록 드나들던 손님들
좁은 부엌에서 허리 한 번 펴기 힘드셨다

여기저기 아파도
늘 괜찮다며 웃으시던
하얀 난초꽃 같은 어머니

핼쑥한 성모상
조용히 나를 지켜보시고
손때 묻은 묵주로 하늘 향해 기도드린다.

형제 여행

한 뿌리에서
나고 자랐지만

서로 다른 가지에서
꽃을 피우고 살아

한 나무에 살아도
몰랐던 아픈 기억의 조각들

바람마냥 매이지 않는 아버지
실눈으로 앞길을 헤아리는 어머니
누가 더 닮았나

비바람 태풍에 흔들려도
하늘 원망하지 않고

땅속 깊이 뿌리 내린
어머니의 눈물로 자라

늙은 나무에 바람이 분다
단단해진 옹이가 햇살에 빛난다.

바위와 먼지의 사랑

당신은 바위처럼
굳세게 나를 위해 서 있는데

나는 먼지처럼 가볍게
당신을 넘고 넘었지

언제나 해가 지고 어둠이 내리고 나서야
밖의 먼지를 무겁게 끌고 들어왔지

늙음과 죽음의 그늘이
당신에게도 덮쳤는데

당신 자신보다
자식의 삶을 더 안타까워하던 사람

반백의 딸이 만든 음식
모래알처럼 맴돈다며 웃는 당신

먼지는 무거워지는데
바위는 점점 가벼워지는데.

이별은 고무나무처럼

작은 나뭇잎 하나
뚝 떼었더니
손에 묻어난 끈적한 진액
나무에는 젖빛 눈물방울 맺혔다

보내는 이와 떠나는 이
모두 절절한 가슴앓이
핏빛 이별이 아니라
생명을 키우는 젖 빛깔이다

우리도 저리 순한 이별을 하자
부드럽게
다시 만날 날
기다리며 생명의 순환을 받아들이자.

별이 된 너에게

갈바람 부는 길목에 인사도 없이
가버린 어여쁜 꽃 한 송이

길가의 작은 돌멩이 하나에도
아파했던 여리고 섬세한 사람

밤마다 고통을 참으며
마음속의 별만 세었나

그녀가 사랑한 뜨락에는
밤마다 별이 뜨고

수선화처럼 하얀 얼굴
수줍고 맑게 피어나는데

이제는 아프지 마라
더 이상 힘들지 마라

하늘 꽃밭에서 환하게 피어나라
밤하늘에 빛나는 작은 별아.

고향의 소리

부산 전철만 타면
내 고향이다

어둑한 저녁 열린 대문으로
사촌오빠의 호탕한 웃음소리
아지매들의 깨알 같은 이야기 흘러나온다
익힐수록 더 깊어지는 된장 같은 정(情)

엄마의 무릎에 기대어
졸고 있는 어린 나는 까무룩 잠이 든다

낯선 승객이
내 인생의 철길에 함께 간다

아버지의 실직으로 시작된 서울살이
사투리 말투 놀리던 서울 아이들
그때부터 먼 하늘을 쳐다보는 버릇이 생겼다

끝내 정들지 못한 서울,
꾸벅꾸벅 졸며 가는 도시의 하루는 힘겹다

투박한 사투리가
타향살이 외로운 나의 등을 토닥이고
낙동강 강가 을숙도에는 철새가 난다.

짧은 하루

길 떠나지 못한 낮달
햇살과 바람 좋아
파란 하늘에서 미소 짓는다

여름이 가는 길목에서
정성 다해 찬란하게
세상을 붓칠하는 백일홍

너와 나의 짧은 만남,
낮달이 너를 배웅하고
갈바람에 백일홍 붉은 마음 아쉬워한다.

구월의 삶

해맑은 코스모스 같은
첫 아이를 안고
엄마라는 찬란한 빛의 세계로 들어갔다

유난히 가물었던 그해 구월
나의 어머니도 신음마저 숨죽이며
밤새도록 단비 같은 나를 기다렸다

구월은
세상을 만나게 하고
새로운 나의 길을 걷게 했다

푸르른 나뭇잎이
낙엽으로 떨어지는 가을 길목
낯선 숫눈길을 향해 빈 가슴으로 걸어간다.

* 숫눈길 : 눈이 와서 쌓인 뒤에 아무도 지나가지 않은 길.

까칠하게 늙고 싶다

착한 사람 싫고
눈치 보며 살고 싶지 않다며

매번 목에 힘주더니
미움 많이 받아도 꿋꿋해 보였는데

아직도 불량하게
살고 싶다네

장남과 가장의 무게
언제나 부둥켜안고 살아왔나

가진 것 별로 없어도
당당한 남편 부러워

할 말 못 하고 가슴에 홀로
피고 진 동백의 붉은 꽃 자국

이제 보듬으며
나도 불량 노인 되고 싶다.

덕담

알 수 없는 통증으로
저세상과 사투를 벌이시는 어머니

호랑이 같은 기상으로
쩌렁쩌렁하게 자식들을 깨우치시던
당신이 자꾸 눈을 감으신다

중환자실에서
거북 등 같은 손톱을 깎아주는 아들의 손이 떨린다
옆에서 울먹이는 손자의 손을 잡으신다

점점 약해져 가는 어머니
눈물진 자녀들 가슴에 던지는 아득한 바람
"새해 복 많이 받아라."

엄마의 자격

코끼리 같은 안마의자가
생일 선물이라며
거실에 우뚝 앉아 있다

늦은 나이에 너를 낳아
동화책 읽어 주다가 졸고
비 오는 날 우산도 챙겨주지 못했는데
무슨 안마의자야?

툴툴거리는 남편에게
"우리 엄마도 이제 안마의자 누릴 자격 있어"

항변하는 너의 말에
가슴에 얼어붙었던 빙산
와르르 무너진다

문을 나서면
엄마의 머리 뒤꼭지에 매달려 있던 너의 얼굴
일에 지쳐 솜뭉치가 되어 돌아오면
엄마 하며 달려오던 꽃 같은 아이

세월의 바람 불어
너는 안마의자가 되어
나를 돌보고 있구나

의자에 앉아
있는 내가 낯설다
아직도 엄마는 부족하다.

부부

가장 설레게 했고
가장 큰 기쁨을 주었던 사람

내 젊고 빛났던 순간을
기억해 주는 사람

기쁠 때나 힘들 때
모두 함께한 사람

앞으로도 추억 같이 나누며
서로의 약함을 안타까워할 사람

언젠가 한 사람이 떠나면
빈자리 우물 매일 퍼 올릴 사랑.

잠든 너

언제나 햇살 같더니
세상의 파도가 스치고 간
고단한 딸의 얼굴이 까무룩 잠들고 있다

바람처럼 매이지 않던 너
아무리 힘들어도
쉰 목소리로 일터를 적신다

수많은 강을 건너온 엄마는
새길 떠나는 너보다 더 출렁이고

푸른 지구별에
귀한 너를 낳아서 뜨거웠는데

온 힘 다 바쳐 일군 세상
아직도 팍팍한 사막이라니

너를 위해
희망의 새벽 밝아오기를
잠 못 이루며 신께 기도한다.

첫 손녀

바람도 새들도 조용히 기다린 너

세상의 바다에서 파도와 맞서는 엄마
어느 날 그녀의 뱃속에 생명의 씨앗 싹터
빛의 신비 속에 환한 울음 터트린다

아주 작고 투명한 네 눈동자에
엄마의 눈물 빛나는구나

이제 너를 안고
딸은 엄마로 나는 할머니로
우리의 인연을 찬란히 꽃피우자.

가을 문학 기행

소꿉놀이 친구처럼 도란도란
설레며 떠나는 황혼의 문인들

만해 한용운 시인의 대쪽 같은 기개는
백담사 수심교 다리 위에 서 있고
회색빛 명동거리에 박인환과 김수영이 걸어간다

슈퍼문은 만해마을에 떠올라 놀다 가는데
원대리 자작나무 숲은 가을비에 젖어
우리들 마음을 하얗게 붓칠한다

접힌 주름살에 눈물 한 방울
서로 닦아주는 소중한 인연

낙엽의 황홀한 절정 잊지 말고
자작나무처럼 아픈 기억은 다 벗어버리고
너와 나 고운 추억만 하얗게 새하얗게 쌓아가자.

동창회

평생을 약속한 사람 보내고
우울증의 강을 건너
인공심장박동기를 달고 온 친구

빛바랜 가을, 들판에
칼바람이 휘몰아친다

굽은 허리로 손주 키우며
병든 부모 저무는 길에 떨리는 손길

어차피 넘어야 할 파도
삶의 배는 창백한 달빛 싣고 떠난다

궤도를 자주 이탈한 심장은
낯선 길을 떠나고 노을빛에 춤춘다

너와 나 푸른 날 만나
구십까지 함께 웃을 수 있을까….

반려 물고기

환한 낮에도
두 눈에 커다란 등불 밝히고
온종일 귀 열고 기다린다

몇 알의 밥이
너에게는 목숨줄

한 알도 놓치지 않으려
입과 지느러미 연신 물결친다

좁은 세상에도
뜨거운 너

나의 권태는 사치
시든 가슴에 물고기가 유영한다.

어느 하루

해가 중천에 떠 있어도
쇳덩이는 어깨를 짓누른다

하룻밤 자고 나면
가벼운 건 옛날

걱정과 불안의 가장자리에서
열심히 뛰어도 제자리

아스라이 등 뒤에서
다가오는 목소리

"어둡다, 빨리 집에 들어와."
"그만하고 자자."

엄마의 잔소리에도
놓을 수 없었던 공깃돌 고무줄놀이

눈에 환한 등을 켜고
콩닥콩닥 가슴 뛰던

그 시절 그리워
괜히 남편의 이불 속으로 파고들면

코 고는 거친 숨결
떡 찌는 시루의 온기가 퍼져나간다.

깍두기

어릴 때부터
어리바리 깍두기 신세
제대로 할 줄 아는 게 없다

주목받는
정중앙보다
가장자리 외진 곳으로 겉도는 발길

속까지 푹푹 익어
때깔 좋은 배추김치
밥상머리에 화려하게 놓이지만

소금 약간 절여
청량한 무 맛 간직한 깍두기
뒷전에 밀려도 좋아

우리 딸도
엄마 깍두기 최고란다
그러면 됐다.

| 김유미 2시집 해설 |

나이팅게일과 카운슬러의 휴머니즘
— 김유미 시집 『흔들리며 반짝이며』 해설 —

문학평론가 리 헌 석
(사) 문학사랑협의회 이사장

1.

 김유미 시인은 회갑(回甲)이 되는 2020년에 첫 시집 『그대가 봄』을 발간한 분입니다. 요즘에는 60세가 되어도 회갑을 기려 잔치를 하거나 특별한 퍼포먼스를 하지 않는 경향입니다. 그러나 김유미 시인은 무겁고 버거웠던 지난날을 돌아보며, 한 단계 매듭을 짓고 싶었던가 봅니다. 그리하여 첫 시집에 '현실의 삶'과 '시인의 정서'를 투영하였고, 방성예 방송작가는 <땅에 발을 딛고 하늘에 마음을 올리며 살아낸 사랑의 연대기>라는 '발문'으로 화답(和答)한 바 있습니다.
 회갑에 이를 때까지 매년 설날에는 지난날을 반성하고, 새로운 날들에 대해 다짐하게 마련입니다. 작품「설날 아침」에서 그는 <몸과 마음에/ 소리도 없이 온 삼시 감시하며/ 시린 가슴으로 지새우는 섣달그믐 밤을 지나/ 몸을 씻는 설날 아침>을 맞습니다. <소리도 없이 온 삼시>에서 '삼시'가 의미하는 내면적 진실이 궁금할 터, 이는 시간에 해당하는 ① 삼시(三時)거나, 신

(神)으로서의 ② 삼시(三尸)일 터인데, ②로 봄이 타당할 것 같습니다. 삼시(三尸)는 〈설이나 추석 등 제사를 지낼 때 신위 대신으로 모시는 부적이나 신물〉의 대유(代喩)이기 때문입니다.
　이처럼 전통과 현실에 맞추어 살아가는 시인은 '현실적 흔들림'과 '정서적 흔들림'을 통섭(通涉, Consilience)하여 아름다운 시를 빚습니다.

　　　　오늘도 아이의 한숨에 흔들리고
　　　　늙은 부모님의 전화에 흔들린다
　　　　무심코 던지는
　　　　타인의 빈정거림에 흔들리다가

　　　　바람에 꽃잎이 흔들리는 것을
　　　　보다가
　　　　흔들리는 나의 삶이 떨고 있다

　　　　비바람에 흔들리며
　　　　더 굵어지는 나무처럼
　　　　흔들리면서 자꾸 흔들리면서
　　　　더 푸르게 반짝이는 잎새마냥

　　　　너도 그렇게 살아가라고
　　　　흔들리는 내가 나를 바라보고 있다.
　　　　　　　－「흔들리며 반짝이며」 전문

　이 작품은 4연으로 구성되었고, '기승전결(起承轉結)'을 원용하고 있습니다. 기(起)에 해당하는 1연은 '아이의 한숨' '늙은 부모님의 전화' '무심코 던지는 타인의 빈정거림'에 시인이 정서적 상처를 받는데, 이러한 상처들이 시인에게는 흔들림으로 작용합니다. 승(承)에 해당하는 2연은 '바람에 흔들리는 꽃잎'을 보면서 '흔들리는 나의 삶'을 찾아 '흔들림'이라는 공통분모에 의하여 교집합(交集合)을 이룹니다. 인간의 정서적 흔들림과 바람에 흔들리는 꽃잎이 연계되어 작품에 필연성을 부여합니다.

전(轉)에 해당하는 3연은 비바람에 흔들리며 커가는 나무, 자꾸 흔들리면서 더 푸르게 반짝이는 잎새를 통해 자연의 이치를 궁구(窮究)합니다. 기초적인 과학 상식에 따르면, 높이 자란 나무의 꼭대기까지 수분을 올려보내기 위해서는 바람의 흔듦이 필수 요소라고 합니다. 나뭇가지와 잎까지 수분과 영양분이 도달하기 위해서는 펌프 역할을 하는 바람이 필요합니다. 결(結)에 해당하는 4연은 이와 같은 기초 과학 상식에 기반하여, 도출된 통섭의 결과로 보입니다. 시인은 자신에게 〈너도 그렇게 살아가라고〉 흔들리는 자신을 추스르고 있습니다. 이는「푸른 나뭇잎의 힘」에서처럼 〈바람에 온몸으로 흔드는 나뭇잎〉과 동질성을 확보합니다.

2.

김유미 시인은 어머니의 딸이자 시어머니의 며느리 역할에 충실한 분으로 보입니다. 시어머니가 편찮으실 때 시인이 지은 시가「덕담」입니다. 〈알 수 없는 통증으로/ 저세상과 사투를 벌이시는 어머니〉를 모셨던 자식의 입장에서 빚은 시입니다. 〈호랑이 같은 기상으로/ 쩌렁쩌렁하게 자식들을 깨우치시던/ 당신(시어머니)〉께서 자꾸 눈이 감깁니다. 〈중환자실에서/ 거북 등 같은 손톱을 깎아주는 아들〉의 손도 떨립니다. 시어머니는 그 옆에서 울먹이는 손자의 손을 잡습니다.

문병과 간병을 위해 둘러선 자손들에게 〈점점 약해져 가는 어머니〉께서 〈새해 복 많이 받아라〉 덕담을 하십니다. '내리 사랑은 있어도 치사랑은 없다.'는 속담을 되새기며, 시인은 어머니의 사랑을 회상합니다. 자손들에 대한 어머니의 사랑, 환우들을 보살피는 간호사의 사명, 피 상담인에 대한 카운슬러로서의 오롯한 자세 등이 결합하여 김유미 시인은 인도주의가 내면화되었을 터입니다.

    어머니의 바지런한 손길로
    햇살처럼 반짝이던 장롱
    주인을 기다리며 애처롭게 서 있다

    돋보기 쓰시고
    구부정하게 앉아 돌리던
    재봉틀 소리 따라 들리는 목소리

    일찍 들어오너라
    멋 좀 부려라
    제발 몸 챙기거라

    늦은 나이에 나를 낳아
    외동딸에게 해준 게 없다며
    언제나 미안해하시던 어머니

    가난한 살림에
    문지방 닳도록 드나들던 손님들
    좁은 부엌에서 허리 한 번 펴기 힘드셨다

    여기저기 아파도

늘 괜찮다며 웃으시던
하얀 난초꽃 같은 어머니

햴쑥한 성모상
조용히 나를 지켜보시고
손때 묻은 묵주로 하늘 향해 기도드린다.
　　　　　　　　　　－「어머니 숨결」 전문

  7연의 작품에 어머니의 구체적인 사랑을 3행씩 배치하고 있습니다. 간명한 작품이어서 덧설명이 필요하지 않지만, 조금은 구체적으로 감상하기로 합니다. 1연은 어머니의 바지런한 손길로 〈햇살처럼 반짝이던 장롱〉이 주인인 어머니를 기다리고 있다고 하지만, 이것은 수많은 사례 중에서 하나를 선택하였을 따름입니다. 2연은 어머니께서 떠나신 후, 어머니가 사용하시던 '재봉틀'에서 옛날의 재봉틀 돌아가는 소리가 들리는 듯, 환청을 형상화하고 있습니다. 3연은 같이 살 때 당부하시던 말씀입니다. 4연은 늦게 낳은 외동딸에게 미안해하시던 어머니를 연상하고 있습니다. 5연은 과거 부엌에서 허리 한 번 펴지 못하던 어머니를 회상합니다. 6연은 많이 편찮으셔도 늘 괜찮다고 웃으시던 난초꽃 같은 어머니를 회상합니다. 7연은 딸을 위해, 손때 묻은 묵주로 기도드리던 어머니의 사랑을 되새깁니다.

  동시에 「엄마의 자격」에서는 내리사랑도 있지만, 치사랑도 입증되는 현실을 증언합니다. 딸이 〈생일 선물이라며〉 코끼리 같은 안마의자를 거실에 들여놓습니다. 시인의 남편은 멋쩍은 듯이 〈동화책 읽어 주다가 졸고/ 비 오는 날 우산도 챙겨주지 못했는데/ 무슨 안마의자야?〉라고 미안해하지만, 〈"우리 엄마도 이제 안마의자 누릴 자격 있어"〉 항변하는 딸의 말에 얼어붙었던 마음의 빙산이 와르르 무너진다고 감격합니다. 이제

'내리사랑도 있고, 치사랑도 있다.'로 속담이 바뀌어야 할 것 같습니다.

3.

김유미 시인은 1960년에 경남 마산에서 출생하여 초등학교에 다니던 중 서울로 전학합니다. 열심히 공부하여 서울대학교 간호학과를 졸업하고, 서울대학교 병원에 취업하였으며, 병원 노동운동을 하였으나, 몸이 아파서 1998년 대전으로 이사합니다. 뒤늦게 상담학을 연구하였으며, 우송정보대학교 학생코칭센터장, 가정법원 상담 위원 등으로 봉사하며, 시 창작에도 정진하는 분입니다.

최근에 시인은 여러 기관 단체에서 봉사하는 카운슬러로 저명합니다. '카운슬링 유엔미 마음연구소' 대표로서, 길을 찾는 이들과 함께 고민하면서 좋은 길을 안내하고 있습니다. 작품 「별을 찾는 사람들」은 부제가 '상담실 풍경'으로 되어 있어, 상담의 단면을 보여줍니다. 상담자의 정황을 〈어둠의 장막 내린 후에야/ 얼굴 가린 모자를 쓰고〉 거리로 나가는 사람, 〈상처 난 가슴에/ 얼음 조각처럼 박혀버린 고통의 알갱이들〉이 〈파도처럼 일렁이는 차가운 바람〉에 휩싸입니다. 그렇지만, 상담을 통하여 〈언젠가/ 다시 세상에 나설 때까지/ 아픈 마음 지켜줄 별빛 하나.〉를 심기 위해 봉사의 깃발을 내려놓지 않습니다. 그런 가운데 예기치 못한 비극이 일어나기도 하는데, 그 절절한 아픔을 시로 빚어 절창(絶唱)을 생성합니다.

> 갈바람 부는 길목에 인사도 없이
> 가버린 어여쁜 꽃 한 송이
> 〉

길가의 작은 돌멩이 하나에도
아파했던 여리고 섬세한 사람

밤마다 고통을 참으며
마음속의 별만 세었나

그녀가 사랑한 뜨락에는
밤마다 별이 뜨고

수선화처럼 하얀 얼굴
수줍고 맑게 피어나는데

이제는 아프지 마라
더 이상 힘들지 마라

하늘 꽃밭에서 환하게 피어나라
밤하늘에 빛나는 작은 별아.
— 「별이 된 너에게」 전문

 별이 된 사람은 김유미 시인의 피(被) 상담자였습니다. 갈바람 부는 가을에 인사도 없이 가버린 그 사람은 〈길가의 작은 돌멩이 하나에도/ 아파했던 여리고 섬세한 사람〉이었다고 합니다. 너무 착해서 하늘이 먼저 데려간 것 같습니다. 그러나 그녀는 〈밤마다 고통을 참으며〉 마음속의 별을 세었던 것 같습니다. 그녀가 사랑한 뜨락에는 밤마다 별이 뜨고, 그 자신이 밤하늘에 빛나는 작은 별이 되었으니, 이제는 아프지 않기를 기원합니다. 더 이상 힘들지 않기를 기원합니다.
 마음으로 별을 세던 그분에게 이 세상은 「사막을 건너며」에서처럼 〈모래와 바위만 서걱거리는 사막길〉이었을 터이며, 이곳에서 살아온 나무처럼 모래바람에 흔들립니다. 그러나 〈포기하지 못해/ 희망의 목마름 끝에〉 피어난 솟대로 우뚝 섭니다. 때론 〈돌보는 이 하나 없어도/ 불평 한 점 품지 않는 너〉를 낮에는 해, 밤에는 달과 별, 그리고 바람이 키웠다는 작품「풀꽃처럼」의 독서가 공감대를 형성합니다. 이와 같은 작품을 감상하면, 가슴 먹먹한 슬픔이 조금쯤은 줄어들지 않을까 생각하며, 먼 하늘을 바라보게 합니다.

4.

김유미 시인의 2시집 작품을 감상하며, 시조 1편이 새삼스럽습니다. 또한 사람살이의 정서적 형상화를 비롯하여 인생 상담이 주종을 이루고 있는데, 북한을 제재로 한 작품 1편이 있어 관심을 환기(喚起)합니다. 두 작품이 반어적 속성을 내재하고 있기 때문이기도 합니다.

3연시조 「거꾸로 가는 인생」의 첫수는 노령에 이른 자신을 〈머리는 해마다 파뿌리로 시들어도〉 그와 달리 〈마음은 아이 되어 작은 것에 흔들려〉 어쩔 도리가 없이 〈빠르게 날아서 가는 어지러운 생의 비행〉을 은유적으로 형상화하고 있습니다. 둘째 수에서는 〈떨어진 꽃잎 주워 맘에 담기 바쁘건만〉 시간은 앞으로 가서, 휘청이는 걸음들을 보면서 〈거꾸로 돌아가는 인생 어디가 끝인가〉 설의법으로 정리합니다. 셋째 수에서는 〈우리가 왔던 그곳〉으로 돌아가려면 욕심이 작아져야 한다면서 〈다가올 신의 숨결을 운명처럼〉 기다리라고 당부합니다. 이와 같이 반어 및 역설로 이어지는 「북한에도 비가 오네」를 감상합니다.

아침에 일어나니
비가 주룩주룩 내리는데
북한에도 비가 온다네

바로 강만 건너면
아니 휴전선만 없다면
철조망만 사라진다면
지척인 북한

철조망은 마음에 먼저 쳐있었네
그들도 우리처럼 웃고 울고

비가 온다네
그들도 비에 젖고
우리도 비에 젖고

젖은 몸 같이 말려 볼까
햇살 아래서.
― 「북한에도 비가 오네」 전문

  1950년 6월 25일 새벽, 북한의 기습 남침으로 우리 겨레는 오랜 기간 만나지도 못하는 동병상련(同病相憐)을 앓아온 바 있습니다. 한동안 '공산 괴뢰'라는 명칭 때문에 북한 주민들이 도깨비 형상을 한 것으로 착각하기도 하였습니다. 그러나 그곳에도 우리와 같은 언어를 사용하고, 우리와 유사하게 살아가는, 우리 겨레붙이들이 살고 있습니다. 다만 김일성, 김정일, 김정은 3대에 걸쳐 폭압 및 독재 정권이 적대적으로 억압하여 자유롭게 왕래할 수 없을 뿐입니다.

우리가 사는 곳에 내리는 비처럼 북한에도 비가 내립니다. <바로 강만 건너면/ 아니 휴전선만 없다면/ 철조망만 사라진다면/ 지척인 북한> 사람들과 햇살 아래에서 <젖은 몸 같이 말려 볼까>라는 결말은 우리 겨레붙이들이 공유하고 있는 정서이자, 나아가야 할 방향이라 하겠습니다. 우리 겨레에게 「플라타너스 초상」도 역시 아픈 기억입니다. <야만이 휩쓸고 간/ 가지 잘린 플라타너스>가 다시 새잎을 피워내는 것을 보며, 혹독한 이 세상을 잘 살아내리라 소망하는 마음가짐이 오롯합니다.

5.

김유미 시인이 대전에 살면서 이상향으로 꼽은 곳은 「노은동 연가」, 「수통골에서」, 「8월의 수통골」 등입니다. 지리산 인근을 노래한 「와운 마을에서」도 삶의 지향처로 정리되어 있습니다.

먼저 「와운 마을에서」를 보면 <하늘 맞닿은 언덕/ 뿌리 내린 푸른 천년송 위에/ 밤이면 별들의 경연>이 벌어지는 곳에서 '솔바람 태교로 자란 아이'가 계곡물에 물장구칠 그날의 도래를 시인은 소망합니다. 「노은동 연가」에서도 <지저귀는 새소리에 눈을 뜨고/ 비 소식에 쓰러질 꽃들 걱정>을 하면서 지붕에서 떨어지는 빗소리에 촉촉이 젖는 마음>을 나눌 수 있는 곳이라고 추켜세웁니다. 「8월의 수통골」에서도 <얼음 계곡물에/ 아이들은 몸까지 담그고 놀아> 이웃은 가족보다 더 가까운 친구가 된다고 감탄합니다. 이런 바탕에서 작품 「수통골에서」에서는 <저 계곡물처럼 살자>고 권면하는 시심이 곱습니다.

저 계곡물처럼 살자

구석지고 외진 곳

한 곳에만 머무르지 말고
좁은 곳 넓은 곳 가리지 말고
바위도 껴안고 구르며 흘러가야지

잡히지 않는 마음
억지로 붙잡지 말고
어느 강 어느 기슭에 닿을지 몰라도
그냥 물살에 맡겨야지

물고기와 눈 맞춤하며
하늘 보고 웃자
신의 뜻에 온전히 맡기며
내 마음의 물줄기를 틔워 본다.
─ 「수통골에서」 전문

 김유미 시인은 수통골 맑은 물처럼 살자고, 마음의 물줄기를 세상 독자들에게 돌립니다. 어느 강 어느 기슭에 닿을지 몰라도 그냥 맑은 물살에 맡기자고 권유합니다. 물고기와 눈 맞춤하면서 때로는 고개를 들어 하늘 보며 웃자고 권합니다. 이처럼 맑고 깨끗한 자연 속에서 한 생(生) 행복하게 살면 되리라며 신의 뜻에 온전히 맡기고 화평하게 살자고 권면합니다.
 이러한 소신과 믿음이 쇠잔하지 않는 한, 김유미 시인의 노래는 많은 사람의 심금을 울릴 것입니다. 이러하매, 시인이 펴낼 제3 시집의 발간을 기다리는 소이연(所以然)이기도 합니다. 그가 빚은 시의 향기가 만리를 넘어 불특정 다수에게 공감대를 형성하기를 소망하며, 연년익수 건강하시기를 기원합니다.

흔들리며 반짝이며

김유미 제2시집

발 행 일 | 2025년 7월 25일
지 은 이 | 김유미
발 행 인 | 李憲錫
발 행 처 | 오늘의문학사
출판등록 | 제55호(1993년 6월 23일)
주   소 | 대전광역시 동구 대전로867번길 52(삼성동 한밭오피스텔 401호)
전화번호 | (042)624-2980
팩시밀리 | (042)628-2983
카   페 | http://cafe.daum.net/gljang(문학사랑 글짱들)
인터넷신문 | www.k-artnews.kr(한국예술뉴스)
전자우편 | hs2980@daum.net

공 급 처 | 한국출판협동조합
주문전화 | (02)716-5616
팩시밀리 | (02)716-2999

ISBN 979-11-6493-389-1
값 10,000원

ⓒ김유미 2025

* 이 책의 판권은 저작권자와 오늘의문학사에 있습니다.
* 이 책은 E-Book(전자책)으로 제작되어 ㈜교보문고에서 판매합니다.
* 잘못 만들어진 책은 구입하신 서점에서 교환해 드립니다.